养成教育

第二册 下

总主编 郭齐家
　　　高广立

日新其德 日勤其业 臻于至善

济南出版社　汉唐书局

图书在版编目（CIP）数据

养成教育. 第二册 下 / 郭齐家，高广立主编 . —济南：
济南出版社，2021.12

ISBN 978-7-5488-4374-0

Ⅰ. ①养… Ⅱ. ①郭… ②高… Ⅲ. ①养成教育—小学—
课外读物 Ⅳ. ① G621

中国版本图书馆 CIP 数据核字（2021）第 251855 号

出 版 人　崔　刚
丛书策划　冀春雨
责任编辑　殷　剑
专家审读　于述胜
装帧设计　曹晶晶
封面插图　曹晶晶

出版发行　济南出版社
地　　址　山东省济南市二环南路1号（250002）
编辑热线　0531-86131747（编辑室）
发行热线　82709072　86131701　86131729　82924885（发行部）
印　　刷　山东彩峰印刷股份有限公司
版　　次　2022 年 2 月第 1 版
印　　次　2022 年 2 月第 1 次印刷
成品尺寸　185 mm × 260 mm　16开
印　　张　4
字　　数　43 千
印　　数　1—5000 册
定　　价　12.00 元

（济南版图书，如有印装错误，请与出版社联系调换。联系电话：0531-86131736）

编 委 会

顾　　　问　雷克啸　于建福

总　主　编　郭齐家　高广立

学 术 专 家　（以姓氏笔画为序）

于述胜（北京师范大学教育学部教授、博士）

于建福（国家教育行政学院国学教育研究中心主任、教授、博士）

任春荣（中国教育科学研究院教育督导评估研究所副所长、研究员、博士）

刘立德（中国教育学会教育学分会副理事长兼秘书长、博士）

余清臣（北京师范大学教育学部基本理论研究院院长、教授、博士）

徐建平（北京师范大学心理学部教授、博士）

高广立（山东省济宁市教育局局长）

郭齐家（北京师范大学教育学部教授、博士生导师，国际儒学联合会顾问）

雷克啸（教育部国家教育发展研究中心理论研究室原主任、研究员）

执 行 主 编　祝成彦

执行副主编　魏　珍　胡勤楠

参 编 人 员　（以姓氏笔画为序）

丁　彤　王洪霞　白瑞霞　阮菲菲　吴俊浩

张　娜　武囡囡　曹尚辰　崔亚男

序 言

　　2018 年 9 月 10 日，全国教育大会在北京召开，习近平总书记强调，"要深化教育体制改革，健全立德树人落实机制"，"培养德智体美劳全面发展的社会主义建设者和接班人，加快推进教育现代化、建设教育强国、办好人民满意的教育"，"要给孩子讲好'人生第一课'，帮助扣好人生第一粒扣子"，"全社会要担负起青少年成长成才的责任"。

　　文化是教育的命脉，教育是文化的生机。党的十九大报告指出，"文化自信是一个国家、一个民族发展中更基本、更深沉、更持久的力量"，"推动中华优秀传统文化创造性转化、创新性发展，继承革命文化，发展社会主义先进文化，不忘本来、吸收外来、面向未来，更好构筑中国精神、中国价值、中国力量，为人民提供精神指引"。

　　济南出版社就是以习近平新时代中国特色社会主义思想为指导，高度落实习近平总书记关于教育的一系列重要论述，深度理解中华文化的根源与发展，追本溯源，隆重推出《养成教育》系列图书。本套图书由全国著名养成教育专家联合编写，按照一体化、分学段、有序推进的原则，图文并茂，贴近生活，把中华文化的精神全方位融入一至九年级各学段，其核心目的在于帮助青少年从小树立正确的历史观、民族观、国家观、文化观，培育健全人格，养成良好习惯，永续中华民族的根与魂，做堂堂正正的中国人。

　　教育不应简单以分数、升学、文凭等作为评价的导向，不应被片面地理解为科学技术知识的传递，还应注重心性的涵养、道德的培育、习惯的养成。

中国传统教育是博雅教育，既包含今天的技术教育、知识教育，又包含艺术教育、身体教育与生命教育等德智体美劳诸方面。其核心是如何使人成为全面发展的人，尤其是有道德的人。其方法是讲究涵泳，就是身临其境，获得一种真切的体会，尤其是让青少年在兴趣的培养中受到熏陶和感悟，在潜移默化中养成乐善好群、敦厚优雅的品行。它不是一种外力强加的道德说教，是真正自觉的自我教育，是生活实践式的，通过点滴积累收获自己的体验，既可以丰富青少年自身，调节性情，又通过青少年的行为影响公共事务与社会风俗。"少成若天性，习惯如自然。"从长远来看，应当把青少年的养成教育放到一定的高度，让青少年自小就能够在中华文化滋养下健康成长。这些内容既是中国传统教育思想的宝贵遗产，也是本套图书编写过程中的重要灵感来源。

2021 年 7 月 1 日，在庆祝中国共产党成立 100 周年大会上，习近平总书记强调："新时代的中国青年要以实现中华民族伟大复兴为己任，增强做中国人的志气、骨气、底气，不负时代，不负韶华，不负党和人民的殷切期望！"我衷心期望《养成教育》系列图书的出版，能为新时代青少年的成长"培根""铸魂""打底色"，在收获丰富的传统本源文化知识的同时，培育他们高尚的德行、大爱的胸怀、善念的种子，并且提升为人处世、应事接物的能力，增添一份亲切而厚重的民族自豪感、文化认同感，绵绵用力，久久为功，为实现中华民族的伟大复兴凝聚智慧和贡献力量。

郭齐家

2021 年 7 月于北京回龙观寓所

目录

1

2

3

4

5

6

7

8

1. 我为红领巾添光彩

同学们，红领巾是我们少先队员的一份骄傲，也是我们的一份责任。在生活和学习中，我们要事事为他人着想，时刻以少先队员的标准严格要求自己，为胸前的红领巾添光增彩！

故事在线

没有升起的国旗

1990年5月，联合国儿童基金会邀请我国少先队员梁帆去荷兰参加"世界儿童为和平为未来"的活动。

活动开始后，宾馆门前升起了50多个国家的旗帜。梁帆在各国国旗中寻找中华人民共和国国旗，但是她始终没有找到。为什么在这样大型的国际会议上，没有中国国旗呢？梁帆立即找到会议组织者，严正要求："一定要升起中国国旗，因为我是代表中国来的！"可是临到吃午饭，会议组织者还没有把中国国旗升起来。梁帆把会议组织者拉到餐桌前，指着餐桌上的粉红色桌布说："如果你们找不到中国国旗，好办，我就把桌布染红，做一面中国国旗！"梁帆的爱国行为深深地打动了会议组织者，他们马上安排人找到一面中华人民共和国国旗，把它在宾馆门前升起。

梁帆的行为也受到各国与会代表的敬佩。大家纷纷称赞她是"合格的中华人民共和国的代表"。

> 梁帆为什么一定要坚持升中国国旗呢？

建党 100 周年"千人献词团"

2021年7月1日上午，中国以一场盛大仪式，欢庆中国共产党百年华诞。

就在这庆祝中国共产党成立100周年大会上，一声声铿锵有力的话语传了出来——

"梦在前方，路在脚下，我们都是追梦人！

为实现第二个百年奋斗目标，

为实现中华民族伟大复兴的中国梦，

准备着，为共产主义事业而奋斗！

时刻准备着！

不忘初心，青春朝气永在！

志在千秋，百年仍是少年！

奋斗向青春，青春献给党。请党放心，强国有我！

请党放心，强国有我！请党放心，强国有我！

请党放心，强国有我！"

这是共青团员和少先队员在面向天安门城楼献词。四位领诵员和他们身后的"千人献词团"齐声向党献词，代表了亿万青少年对党的深情表白。

同学们，读了上面两个故事，你们学到了什么？

这些优秀的少先队员为红领巾添了一笔亮丽的色彩！

名言伴我行

少年负壮气，奋烈自有时。

——唐·李白《少年行二首·其一》

少年智则国智，少年富则国富，少年强则国强。

——梁启超《少年中国说》

我们要牢记祖国对我们的养育，更加热爱祖国，以红领巾为荣，遵纪守法，为了祖国的未来奋斗，让祖国更加强大富饶。

——雷锋《雷锋日记》

　　新时代，少先队要高举队旗跟党走，传承红色基因，培育时代新人，团结、教育、引领广大少先队员做共产主义事业接班人，为坚持和发展中国特色社会主义、实现中华民族伟大复兴的中国梦时刻准备着。

——习近平《致中国少年先锋队第八次全国代表大会的贺信》（2020 年 7 月 23 日）

　　同学们，你们还知道哪些关于少年奋发图强、热爱祖国的名言警句？快写下来当作座右铭吧！

我们在行动

　　张爷爷和老伴儿来城里儿子家，由于城市建设发生了翻天覆地的变化，老两口迷路了。于是两人分别去问路。

小刚正在思考一道难题，张爷爷问他路，他理也不理就走了。

另一边，小芳不仅给老人指路，而且搀扶老人过了马路。

在上面两个场景中，小刚和小芳谁做得好？说说你的想法。

小刚正在想事情，没注意，他也不是故意的。

小芳好样的，这是少先队员应该做的事。

我们怎样才能为红领巾添光彩呢？

我们应该热爱祖国，关心国家和社会的发展，努力学习，乐于助人，诚实守信，爱护环境，积极参加学校组织的各项活动，努力为红领巾增光添彩。

知识链接 💡

你们知道少先队的来历吗？

北伐战争时期，我们的名字叫劳动童子团，是党领导的第一个少儿组织。把剥削者、压迫者的轿子推翻！打倒列强！贫苦少儿从此有了自己的家园。

土地革命战争时期，我们的名字叫共产儿童团。给红军送柴、打水、擦汗、收集子弹，我们个个勇敢，不怕困难，不怕牺牲。红星闪闪放光彩，小小战士奔前方。

抗日战争时期，我们的名字叫抗日儿童团。我们宣传抗日救国，通过各种形式同敌人作斗争。王二小的英雄事迹家喻户晓。

解放战争时期，我们的名字叫地下少先队和儿童团。解放区里救护伤员，剪五星，做红花，迎接即将到来的春天。小小报童再也不必唱忧伤的歌，因为我们推翻了三座大山。

1949年中华人民共和国成立了！这一年的10月13日，中国少年先锋队成立了！星星火炬是我们的队旗，烈士的鲜血染红了我们的红领巾。我们是社会主义建设的新一代，跟着共产党，跟着共青团，学习本领，磨炼翅膀，向着太阳勇敢飞翔！

我的收获

今天我为红领巾
添光彩了吗？

在学习方面，我＿＿＿＿＿＿＿＿＿＿＿＿＿＿

在生活方面，我＿＿＿＿＿＿＿＿＿＿＿＿＿＿

此外，我＿＿＿＿＿＿＿＿＿＿＿＿＿＿＿＿＿

个人评价：一般 ★　良好 ★★　优秀 ★★★

家长评价：一般 ★　良好 ★★　优秀 ★★★

2. 细观察　新发现

同学们，你们留心观察过一件事物吗？有什么新的发现吗？

要知道，观察是发现的窗口，通过细心的观察，我们可以发现世界上更多的奥秘。

故事在线

张衡与漏水转浑天仪

张衡是我国东汉时期杰出的科学家。他从小就爱观察和思考，对周围的事物总要寻根究底，弄个明明白白。

一个夏天的晚上，张衡和父母在院子里乘凉。他仰着头，呆呆地看着天空，认真地数星星。

张衡对父亲说："我数得时间久了，看见有的星星位置移动了，原来在天空东边的，偏到西边去了。有的星星出现了，有的星星又不见了。"

父亲说道："星星确实是会移动的。你要认识星星，先要看北斗星。你看那边比较明亮的七颗星，连在一起就像斗的形状，很容易找到。"

"我找到了！"小张衡很兴奋，接着问父亲："那么，它是怎样移动的呢？"

父亲想了想说："大约到半夜，它就移到地平线上；到天快亮的时候，北斗星就翻了一个身，倒挂在天空。"

这天晚上，张衡一直睡不着，多次起来看北斗。夜深人静时，他看到那明亮的北斗星果然倒挂着，他高兴极了！他想：北斗星这样转来转去，是什么原因呢？天一亮，他便赶去问父亲，谁知父亲也讲不清楚。于是，他带着这个问题，读天文书去了。

为了探明自然界的奥秘，年轻的张衡常常一个人在书房里读书、研究，还常常细心观察日月星辰。他想：如果有一种仪器，能够观测天体的位置，演示天体的运动轨迹，该多好啊！

于是，张衡开始了研制天文仪器的工作。不知熬过多少个不眠之夜，他终于制成了当时世界上最先进的天文仪器——漏水转浑天仪。

张衡太厉害了，数星星都能数出大学问！

瓦特改良蒸汽机

瓦特是世界上公认的伟大发明家。他改良了蒸汽机，被世人称为"蒸汽机之父"。瓦特出生在英国苏格兰一个叫格里诺克的小镇。他的父亲是一个木匠，祖父和叔父都是机械工匠。瓦特从小就表现出惊人的智慧和强烈的好奇心，他喜欢到自家的花园里观察植物的生长，还经常把植物生长的过程用笔画下来或记录下来。

一天，他在厨房里看到奶奶正在烧水。水烧开之后发出"哧哧"的声音，他发现壶盖不知为什么被顶了起来。他好奇地问奶奶："奶奶，是什么东西把壶盖顶起来了？"奶奶笑着说："是蒸汽呀，水开了，壶盖就会被蒸汽顶起来了。"小瓦特很不相信地说："蒸汽能有这么大的力量？一定是壶里有小动物把它顶起来的。"他小心翼翼地把壶盖拿下来，看了又看，里面除了水还是水，其他什么东西也没有。奶奶说："怎么样？我说的对不对？"瓦特还是不服气，又看了半天，里面还是没有小动物出现，这使他有些失望。瓦特仍然不明白这是怎么回事，又追问道："为什么只有水开了，壶盖才会被顶起来呢？"

瓦特的父亲很喜欢瓦特这样寻根问底。他告诉瓦特，蒸汽是有很大力量的。父亲让瓦特仔细观察，看看蒸汽的力量到底有多大。从这以后，小瓦特像中了魔一样，常常盯着烧水壶，一看就是大半天。瓦特常常想："壶盖是被蒸汽推动而上下跳动的。既然一壶开水能够推动一个壶盖，那么用更多的开水，不就可以产生更多的蒸汽，推动更重的东西

了吗？"长大后，瓦特仍然经常盯着壶盖思考。想起小时候和奶奶的对话，瓦特心里充满了期待：蒸汽的力量到底有多大？这股神奇的力量一定要利用起来。后来，瓦特经过不懈努力，改良了蒸汽机，人类社会由此进入了"蒸汽时代"。

> 同学们，读了张衡和瓦特的故事，你们有什么启发呢？

> 只有细心观察，才有可能在生活中发现问题，解决问题！

名言伴我行

致知在格物。物格而后知至。

——《礼记·大学》

学者观物之极，而游于物之表，则何求而不得？

——北宋·苏轼《书黄道辅〈品茶要录〉后》

近来大科学家考察万事万物，不是专靠书。他们所出的书，不过是由考察的心得贡献到人类的记录罢了。他们考察的方法有两种：一种是用观察，即科学；一种是用判断，即哲学。

——孙中山《三民主义·民权主义第一讲》

科学不问现在和过去，是对一切可能存在事物的观察。

——［意］达·芬奇《随想录》

我们在行动

现在网络这么发达，不会的知识都能在网上找到，我认为没必要养成细心观察的习惯。

你说得太片面了。养成善于观察的习惯，可以帮助我们积极思考，有利于学习能力的培养。

同学们，你们认为谁的话有道理呢？你们还知道勤观察、善发现有哪些好处吗？

勤观察、善发现的好处真不少，可是我们要怎么观察呢？

观察事物要讲究次序。

要边观察边思考、分析。

观察方法要多样化。

观察时要抓住重点。

知识链接

你知道吗?

一个正常人从外界接触到的信息，百分之八十以上是通过视觉和听觉的通道传入大脑，即通过观察获得的。观察可以说是智力活动的门户。著名生物学家达尔文说过："我既没有突出的理解力，也没有过人的机智，只是在觉察那些稍纵即逝的事物并对其进行精细观察的能力上，我可能在众人之上。"俄国生物学家巴甫洛夫在他实验室的墙上，写着几个醒目的大字："观察，观察，再观察！"没有观察，智力发展就好像树木生长没有了土壤、江河湖海没有了源头一样，失去了根本。

因此，我们应该勤于观察，善于观察，为自己的智力发展开启一扇明亮的窗户！

我的收获

今天我细心观察了吗？

把你的新发现记录下来吧！

_____

_____

_____

_____

个人评价：一般 ★　良好 ★★　优秀 ★★★

家长评价：一般 ★　良好 ★★　优秀 ★★★

3.学习用品我爱惜

同学们，在我们的身边，有一群小伙伴天天陪伴着我们学习，与我们一起成长，它们就是我们的学习用品，包括笔、橡皮、尺子、书本等。它们是我们学习的好帮手，我们怎么能不爱惜呢？

故事在线

学习用品"开会"

小刚一点都不爱惜自己的学习用品，老师和爸爸妈妈常常教育他，可他就是不改。

一天晚上，小刚做完作业后，又没收拾好学习用品就上床睡觉了，书桌上的学习用品乱七八糟地堆在一起。半夜里，书桌的方向突然传来一阵"哇哇"的声音，小刚一下子就被吓醒了。是谁在哭？小刚仔细一看，原来是学习用品在开会呢！

刚才"哇哇"哭的是语文书。它一边哭一边说："你们看看，小刚把我的身体弄得破破烂烂的，害得我要去医院治疗。医生说，我身上得永远包着纱布了，要是拆了纱布，就都碎了！"

小刚惊讶极了，他可从来都没有想过语文书会说话。他正要站起来时，突然又听到一个声音："比起我来，你受的伤还算轻的。你看看我这里，这道大口子是小刚用刀子割的，医生说永远也不会好了。"小刚偷偷一看，原来是书包。可不是吗？书包上的大口子，就是小刚用新买的刀子割的。书包刚说完，铅笔也说话了。它站起来，一瘸一拐地转了个身，说："大家看看我，浑身伤痕累累，都是小刚用牙齿咬的，他还啃掉了我的花衣裳……"铅笔的话还没说完，一个严厉的声音打断了铅笔的话："啃去花衣裳算什么？你们看看我，我的身子和腿都被小刚折断了。唉，我现在只剩半个身子了！"半截尺子站在书桌上气愤地说。

"走！咱们找小刚算账去！"

"对！我也要弄脏他的脸。"

一群学习用品气冲冲地扑向桌子旁的小刚……

"哇——"小刚哭着坐了起来，原来是做了个可怕的梦呀！

从那以后，小刚开始爱惜自己的学习用品了，学习成绩也进步了很多。

> 同学们，为什么小刚爱惜自己的学习用品之后，学习成绩也进步了？

爱书如命的鲁迅

鲁迅被誉为"20世纪东亚文化地图上占最大领土的作家"。在他的生活中，书籍占有极为重要的地位，他被人称为"爱书如命的人"。

幼年时期的鲁迅就养成了爱护书籍的好习惯。他总是先把手洗干净了，然后才捧书阅读，以免把书弄脏。成年以后，鲁迅一直把读书、买书、借书、抄书、修书作为自己的乐趣和事业。对稀有的好书，他就亲自动手翻印，装订成册。

鲁迅博物馆里陈列着一盒修书的工具，那是一些简单的画线仪器、几根钢针、一团丝线、几块砂纸和两块磨书用的石头。鲁迅就是用这些极其平常的东西，使得他珍藏的一万多册图书保存完好，没有一册出现污损、破散的情况。

鲁迅一向乐意把书借给别人看，特别是青年学生。但是，归还时，如果书有了破边、卷角等损坏的情况，他会不高兴的。对于不爱护书的借阅者，鲁迅宁愿把书送给他，也不忍看到那本被"蹂躏"过的书回到自己手里。

鲁迅常把一些好书主动寄赠给需要用的人。把书送出去时，他总是非常仔细地包扎妥帖。这是对他人的尊重，也是对书籍的呵护。

鲁迅先生有哪些值得我们学习的地方？

鲁迅先生精心呵护书籍的精神和态度，是值得我们每一个人学习的。

名言伴我行

借人典籍，皆须爱护。先有缺坏，就为补治。

——北齐·颜之推《颜氏家训·治家》

勿宰耕牛，勿弃字纸。 ——《阴骘文》

字纸莫乱废，须报五谷恩。——北宋·范仲淹《家训百字铭》

列典籍，有定处；读看毕，还原处。虽有急，卷束齐；有缺坏，就补之。 ——《弟子规》

同学们，你们还知道哪些爱护学习用品的名言警句？快写下来作为座右铭吧！

我们在行动

我的学习用品有很多，弄坏了我就换新的。

我每天都整理自己的书包，并且把书包擦干净。

上面两个小朋友谁的做法是正确的？

你身边有没有不爱惜学习用品的现象？

想一想：有哪些保护学习用品的方法呢？

我们可以给书包上书皮，不在书上乱涂乱画！

还有还有，铅笔用短了，可以给它戴个笔帽儿接着用，千万不要乱扔。用橡皮的时候轻一点儿，不要在橡皮上乱写乱刻乱戳，更不要切着玩。

同学们，你们还知道哪些爱惜学习用品的方法？跟大家分享分享吧！

知识链接

爱惜学习用品

我们走进教室，经常会见到这样一些场景：不知是谁丢了一块很大的橡皮在地上，没人去捡它，可怜的橡皮被同学们踩得又扁又黑。班里的纸篓里，堆着许多纸团儿，把它们展开，有的仅仅写了一两个字，或者有一点皱，就被我们无情地抛弃了。再看老师的讲台上，经常有钢笔的笔帽、写不出字的笔、直尺、橡皮、本子、红领巾等，这些学习用品都是同学们丢失的，却没有人认领，最后被当作垃圾扔掉。

同学们，你们想过没有，全中国有几千万的中小学生，如果每人浪费一张纸、一支铅笔，加起来就是一个庞大的数字。而制造一支铅笔，需要多少人力和物力啊！制造铅笔的木料需要砍伐森林里的树木，铅笔芯是用矿产资源石墨制作的，还有铅笔表面的油漆、烫金印字、橡皮头等，每一项都要耗费大自然有限的资源。生产时排出的废水、废气，还会污染环境。

虽然我国资源总量丰富，但由于人口众多，我国人均资源占有量远低于世界平均水平，其中人均矿产、耕地、森林等资源不到世界平均水平的一半。另外，我国资源浪费现象比较严重，开发程度和利用率低。因此，从节约资源、保护环境的角度来说，我们必须爱惜自己的学习用品。此外，学习用品的丢失或损坏会耽误我们的学习时间，影响我们的学习效率，长此以往，必然对我们的学习产生不利的影响。所以从个人的角度来说，我们也应该养成爱惜学习用品的好习惯。

我的收获

今天我爱惜学习
用品了吗？

对待书籍，我＿＿＿＿＿＿＿＿＿＿＿＿

对待铅笔，我＿＿＿＿＿＿＿＿＿＿＿＿

对待其他学习用品，我＿＿＿＿＿＿＿＿＿

个人评价：一般 ★　良好 ★★　优秀 ★★★

家长评价：一般 ★　良好 ★★　优秀 ★★★

4. 小手脏了及时洗

一双小手用处多，大小事情靠它做。东摸摸，西碰碰，脏兮兮呀病菌多。讲究卫生勤洗手，干干净净抗病魔。我们要养成爱清洁、讲卫生的好习惯，就应该从双手开始！

故事在线

小猪变干净了

有一只小猪，它长着圆圆的脑袋、大大的耳朵、小小的眼睛、翘翘的鼻子、胖乎乎的身体，真有趣。可是它不爱清洁，常常在泥坑里滚来滚去，全身都是泥。

有一天，小猪出来玩耍。它走着走着，看见前面有一只小白兔。小猪高兴地叫："小白兔，我和你一起玩好吗？"小白兔说："呦，是小猪呀！看你多脏啊！快去洗洗吧，洗干净了我再和你玩。"

小猪不愿意洗澡，只好走开了。

它走着走着，碰到一只小白鹅。小猪高兴地说："小白鹅，我和你一起玩好吗？"小白鹅说："小猪，看你多脏啊！快去洗洗吧，洗干净了我再和你玩。"

小猪看看自己满身都是泥，也觉得不好意思了。小白鹅又说："走，我带你到河边洗个澡吧！"

小猪和小白鹅来到小河边，小白鹅"扑通"跳进河里，用翅膀把清水泼在小猪的身上。小猪用清水洗呀洗呀，把自己洗得干干净净。小白鹅说："小猪变干净了，我们一起玩吧！"

小白兔看见小猪变干净了，也走来和它玩。小猪和朋友们玩得可高兴了！

神秘的"客人"

小猴子乐乐家来了一个神秘的"客人"。这个"客人"从未露过面，总是趁乐乐不在家的时候，在屋子里搞恶作剧。

他会在乐乐的衣服上留下黑色的掌印。

他会在乐乐洗干净的水果上留下黑色的掌印……

这个神秘的"客人"到底是谁呢？乐乐向好朋友们诉说了自己的疑惑。大家对乐乐说："别担心，我们一定帮你找出这个捣蛋鬼！"

小伙伴们来到乐乐家，将那些黑色的掌印仔细看了一遍，然后躲在了屋后。

神秘的"客人"会是谁呢？

是戴着帽子的狐狸先生吗？看看他的手，不像。

是清扫街道的浣熊先生吗？看看他的手，也不像。

是穿着高跟鞋的兔小姐吗？看看她的手，更不像。

小伙伴们暗中观察了半天，还是没有发现那个神秘的"客人"。

乐乐招呼小伙伴们说："没关系！大家先休息一会儿吧！"

乐乐和小狗一起搭积木。小狗说："乐乐，玩玩具后要洗手！"乐乐摆摆手说："没关系！我的手很干净，一点儿也不脏。"

一会儿，小狗在乐乐的衣服上发现了黑掌印。

乐乐和小猫在院子里拍皮球。小猫说："乐乐，拍皮球后要洗手！"乐乐一边用手揉眼睛，一边说："没关系！我的手很干净，一点儿也不脏。"

一会儿，小猫在屋子的墙上发现了黑掌印。

玩了一会儿，乐乐拿出点心请小伙伴们吃。小鸡说："乐乐，吃东西前要洗手！"乐乐拿起一块蛋糕说："没关系！我的手很干净，一点儿也不脏。"

一会儿，小鸡在蓝莓果酱罐上发现了黑掌印。

吃着吃着，"哎哟……"乐乐突然叫了起来，捂着肚子就往厕所跑。

等乐乐从厕所出来后，小狗说："乐乐，我知道神秘的'客人'是谁了。"

"谁呀？快点告诉我！"乐乐迫不及待地问。

小猫说："你伸出手就知道了。"

乐乐疑惑地伸出两只手，脏兮兮的手掌碰到哪儿，哪儿就有黑掌印。原来，神秘的"客人"就是乐乐自己呀！

小狗说："我们玩耍的时候，手会沾上很多细菌。不勤洗手不仅不卫生，而且会引发各种疾病呢！"

乐乐不好意思地说："知道了，以后我一定勤洗手，注意个人卫生。"

从那以后，乐乐养成了勤洗手的好习惯，神秘的"客人"再也没出现过了。

卫生习惯不仅关系到我们的生活，而且会影响我们的健康！

妈妈总让我洗手，我以前不明白为什么，现在知道了，我要养成良好的卫生习惯！

名言伴我行

鸡初鸣，咸盥漱。　　　　　　　　——《礼记·内则》

病从口入，祸从口出。　　　　　　——西晋·傅玄《口铭》

骸垢想浴，执热愿凉。　　　　　　——《千字文》

便溺回，辄净手。　　　　　　　　——《弟子规》

同学们，你们还知道哪些关于爱整洁、讲卫生的名言警句？快写下来当作我们的座右铭吧！

我们在行动

预防新型冠状肺炎，最直接有效的方式，除了外出戴口罩防止飞沫传播外，还有勤洗手防止接触传播。那么，正确的七步洗手法你知道吗？

预防感染 从正确洗手开始　　专业洗手七步法

洗手温馨提示：
洗手在流水下进行，取下手上的饰物及手表，卷袖至前臂中段，如手有裂口，要用防水胶布盖严，打开水龙头，湿润双手。搓手步骤如图，每个步骤至少搓擦五次，双手搓擦10～15秒钟。双手稍低置，流水由手腕、手至指尖冲洗，然后擦干。

取适量洗手液于掌心

①内 掌心对掌心揉搓

②外 手指交叉，掌心对手背揉搓

③夹 手指交叉，掌心对掌心揉搓

④弓 双手互握，相互揉搓指背

⑤大 拇指在掌中转动揉搓

⑥立 指尖在掌心揉搓

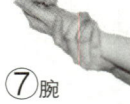

⑦腕 旋转揉搓腕部直至肘部

第一步洗手掌（内）：流水湿润双手，涂抹洗手液（或肥皂），掌心相对，手指并拢，相互揉搓。

第二步洗背侧指缝（外）：手心对手背沿指缝相互揉搓，双手交换进行。

第三步洗掌侧指缝（夹）：掌心相对，双手交叉，沿指缝相互揉搓。

第四步洗指背（弓）：弯曲各手指关节，半握拳，把指背放在另一手掌心旋转揉搓，双手交换进行。

第五步洗拇指（大）：一手握另一手大拇指旋转揉搓，双手交换进行。

第六步洗指尖（立）：弯曲各手指关节，把指尖合拢在另一手掌心，旋转揉搓，双手交换进行。

第七步洗手腕、手臂（腕）：揉搓手腕、手臂，双手交换进行。

预防疾病，正确洗手很重要。

养成良好的卫生习惯，不仅要勤洗手，还要勤洗头、勤洗澡……

知识链接

抗击新冠肺炎，从手部卫生做起

在世界卫生组织推荐的新冠病毒防护指南中，第一条就是勤洗手。为什么勤洗手这么重要呢？

我们生活在一个充满细菌、病毒的世界中。有研究发现，地球表面每天每平方米会落下数以亿计的病毒和上千万的细菌。手是我们暴露最多、与外界直接接触最多、最容易受到污染的部位，比起与呼吸道传染病患者近距离接触时才会发生的飞沫传播，手接触致病的病原体导致感染的可能性更大。

而且，一般人会有许多无意识的手部小动作。2015年，澳大利亚新南威尔士大学医学院的研究人员发现：人在一个小时里会触摸脸部约23次，其中，大约44%的触摸是在嘴、鼻子和眼睛等带有黏膜的部位，这也是最容易把病原体带入身体的部位。

已经有许多研究表明，用正确的方式洗手能洗去手上95%以上的细菌，更重要的是，勤洗手可以有效降低感染发生的可能性。有人做过实验，在同等条件下，强化洗手的实验组发生传染病的概率比没有强化洗手的对照组低70%。

我的收获

今 天 我 认 真
洗 手 了 吗？

吃饭前，我＿＿＿＿＿＿＿＿＿＿＿＿＿＿＿＿＿＿

上完厕所，我＿＿＿＿＿＿＿＿＿＿＿＿＿＿＿＿

此外，我＿＿＿＿＿＿＿＿＿＿＿＿＿＿＿＿＿＿

个人评价：一般 ★　良好 ★★　优秀 ★★★

家长评价：一般 ★　良好 ★★　优秀 ★★★

5.我运动　我快乐

生命在于运动。运动让我们拥有健康的体魄。有了强健的体魄，我们才能完成各种学习任务，才能精神百倍、信心满满地迎接生活中的种种挑战，才会真正享受生活的幸福和生命的美好！

故事在线

竺可桢智体并重

我国著名气象学家竺可桢15岁那年从故乡的绍兴小学毕业，考进了上海澄衷学堂。

在澄衷学堂，他的才学非常出众，可是个头要比同龄人矮一截，体重要轻十来斤，还经常生病。他病弱的身子骨，成了同学嘲笑的目标。

一天，在教室的走廊上，迎面走来几个同学。他们中，有的对着竺可桢挤眉弄眼，有的故意大声挖苦："好一个寒酸的小矮

子！"竺可桢十分气恼，真想针锋相对地回敬几句。但他又一想，谁叫我的身子骨这么弱呢！再说，一个男子汉也犯不着为一两句恶语，就跟人撕破脸皮争吵起来。

晚上，竺可桢辗转反侧，心潮翻涌：祖国灾难深重，人民贫穷病弱，现在自己也因为病弱被人看不起。既然立志要为拯救祖国出力，那就必须首先战胜自己病弱的身体！想到这里，竺可桢霍地从床上爬起来，连夜制订了一个锻炼身体的计划，还选了一条"言必信，行必果"的格言，抄贴在宿舍里，时刻提醒自己。

从那以后，竺可桢每天鸡鸣就起床，到校园里跑步、舞剑、做操……

有一天清晨，竺可桢刚一醒来，就听到"轰隆隆"的雷声。他从窗户往外一瞧，密密麻麻的雨点下得正紧。今天还要不要按时起床锻炼呢？他刚犹豫了一下，马上又坚定起来：不行，有一回间断，就可能有第二回、第三回！于是，他迅速起床，冒雨跑完了规定的路程。这样坚持了一个学期，竺可桢的体质明显增强了，再也没请过一堂课的病假。这时候，全班同学，包括过去讥讽他的那些同学，都称赞他是"智体并重"的模范。

竺可桢先生不仅学问大，锻炼身体也特别有毅力，是我们学习的榜样！

大家一起做运动

一大早，宝贝猪就起床了，今天他要去做运动！

哇！健身馆里好多人在做运动。

鸭小姐、猫女士在跳健美操："一二三四，二二三四……"

鸵鸟太太在练瑜伽——吸气，吐气，吸气……

鳄鱼先生在做健美运动。哇！肌肉硬邦邦的。

青蛙亮亮在练跳水，他入水的姿势太优美了！

宝贝猪也来做运动，踢踢腿，弯弯腰。

宝贝猪要举杠铃啦——抖抖双臂，弯腰，抓杠，长长地吸一口气，提杠……

哇！宝贝猪一只手举起了大杠铃，宝贝猪可真是个大力士啊！

连小猪都动起来了，咱们也一起做运动吧！

名言伴我行

流水不腐，户枢不蝼，动也。 ——《吕氏春秋·尽数》

劳其形者长年，安其乐者短命。

——北宋·欧阳修《删正黄庭经序》

天以日运，故健；日月以日行，故明；水以日流，故不竭；人之四肢以日动，故无疾。

——北宋·苏轼《御试制科策》

养身莫善于习动。

——清·颜元《颜习斋先生言行录·学人》

我们在行动

跑步去？

不去！

爱运动就是爱自己、爱家人。

好难呀，不学了！

坚持就是胜利！

同学们，你们认为上图中谁做得对？以后我们要怎么做？

生命在于运动，可是我们运动时要注意什么呢？

空腹时不宜运动。

饭后不宜剧烈运动。

运动前要做热身。

剧烈运动后切忌暴饮。

知识链接

你知道运动的好处吗？

1.强健肌肉、保护骨骼

运动能增加身体的肌肉力量和耐力，使肌肉逐渐变得丰满而有弹性。有力量的肌肉可以更好地保护骨骼，还可以使身体更加灵活。

2.强壮骨骼，有利于长高

坚持运动可以促进血液循环，让骨组织得到更多营养，使骨质坚固，更好地支撑人体和保护脏器。运动对骨骼起到的机械刺激作用，还会加速骨骼生长，有助于身体长高。

3. 有利于呼吸系统

人在运动过程中要消耗大量氧气并排出二氧化碳，因此呼吸频率会逐渐增加。经常运动，可以增大肺活量，增强呼吸器官的功能，有助于提高呼吸系统功能和呼吸道抵抗力。

4. 增强心肺功能

运动可促进血液循环，使心肌收缩增强，从而让心脏变得更强壮。强壮的心脏可协同肺部呼吸，保证良好的心肺功能。

5. 促进神经系统发育

人体各种动作的协调完成，需要神经系统的良好指挥。经常运动，反过来也能对神经系统起到调节和促进发育的作用。

6. 增进食欲

适宜的运动能对胃肠道产生按摩作用，促进胃肠道蠕动，使肠胃消化吸收能力增强。所以爱运动的人往往食欲好，吃饭香。

7. 增强体质，预防疾病

养成运动的习惯，可使身体机能明显提高，降低患呼吸道疾病、肥胖症、糖尿病、心脏病等各种疾病的几率，有助于身体发育和健康。

8. 学会与人交往，提高社交能力

户外运动可让孩子了解人与人交往的规则，学会互相理解、照顾、分享、商量、谦让、合作等各种人际关系相处技能。

9. 增强意志力

运动不仅有益于身体和大脑，也有利于意志力的增强。

10. 有助于培养积极阳光的性格

喜欢运动的人，往往充满活力，精神饱满，乐观自信，积极向上。

我的收获

我的运动记录卡

第一周：_____

_____

第二周：_____

_____

第三周：_____

_____

第四周：_____

_____

第五周：_____

_____

个人评价：一般 ★　良好 ★★　优秀 ★★★

家长评价：一般 ★　良好 ★★　优秀 ★★★

6. 大家的事情大家做

同学们，众人拾柴火焰高，团结就是力量。大家的事情要积极主动地去做，因为这"大家"中有你，有我，有他，大家的事情就是我们自己的事情。

故事在线

人民的勤务员

从1961年开始，雷锋经常应邀去外地作报告。他出差的机会多了，为人民服务的机会也就多了。当时流传着这样一句话："雷锋出差一千里，好事做了一火车。"

有一次，雷锋从安东回来，又在沈阳转车。他背起背包，过地下道时，看见一位白发苍苍的老大娘，拄着棍，背着个大包袱，很吃力地一步步迈着。雷锋走上前去问道："大娘，您到哪儿去？"老人上气不接下气地说："俺从关内来，到抚顺去看儿子。"雷锋一听跟自己同路，立刻把大包袱接过来，手扶着老人说："走，大娘，我送您到抚顺。"

进了车厢，他给大娘找了座位，自己就站在旁边，掏出刚买来的面包，塞了一个在大娘手里。老大娘往外推着说："孩子，俺不饿，你吃吧！""别客气，大娘，吃吧！先垫垫饥。""孩子，孩子"，这亲热的称呼，让雷锋觉得就像母亲叫自己小名那样亲切。他在老人身边，和老人唠开了家常。老人说，他儿子是工人，出来好几年了。她是第一次来，还不知道儿子住在什么地方哩。说着，老人掏出一封信。雷锋接过一看，上面的地址他也不知道，但他知道老人找儿子的急切心情，就说："大娘，您放心，我一定帮您找到他。"

雷锋说到做到。到了抚顺，他背起老人的包袱，搀扶着老人，东打听，西打听，找了两个多小时，终于找到了老人儿子的住处。

过年的时候，战士们愉快地聚在一起，搞些文娱活动。雷锋和大家打了一阵乒乓球，就想到每逢年节，服务和运输部门是最忙的时候，这些地方是多么需要人帮忙啊！想到这里，他放下球拍，叫上同班的几个同志，直奔附近的瓢儿屯车站。他们这个帮着打扫候车室，那个给旅客倒水，忙得不亦乐乎。雷锋把全班都带动起来了。

雷锋一生都在全心全意地为人民做好事，难怪人们一见到做好事的人就会想起他。

雷锋是全心全意为人民服务的楷模，是我们学习的好榜样！

三个和尚

从前有一座山，山上有座小庙，庙里有个小和尚。他每天挑水，念经，敲木鱼，给菩萨案桌上的水瓶添水，夜里不让老鼠来偷东西，生活过得安稳自在。

不久，庙里来了个瘦和尚。他一到庙里，就把半缸水喝光了。小和尚

43

叫他去挑水，瘦和尚心想一个人去挑水太吃亏了，便要小和尚和他一起去抬水。两个人只能抬一桶水，而且水桶必须放在担子的中央，两人才愿意出力。这样总算还有水喝。

后来，庙里又来了个胖和尚。他也想喝水，但缸里没水。两个和尚叫他自己去挑，胖和尚挑来一担水，立刻独自喝光了。从此这三个和尚谁也不挑水，谁都没水喝。大家各念各的经，各敲各的木鱼，菩萨面前的净水瓶也没人添水，花草都枯萎了。夜里老鼠出来偷东西，谁也不管。结果老鼠猖獗，打翻了烛台，庙里燃起了大火。

三个和尚这才一起奋力救火。大火扑灭了，他们也觉醒了。从此三个和尚齐心协力，水自然就充足了。

三个和尚的故事告诉我们：要与别人友好互助，这样自己和他人的愿望才能在彼此付出中得到实现。

三个和尚之所以没水喝，是因为在取水的问题上大家都不想出力，都想依赖别人。

其实，挑水是大家的事情，大家的事情应该大家做。

名言伴我行

乘众人之智，则无不任也；用众人之力，则无不胜也。

——《淮南子·主术训》

独视不若与众视之明也，独听不若与众听之聪也，独虑不若与众虑之工也。

——《韩诗外传》卷五

一个人如果把个人作为生活的中心，就永远不能理解生活的美好。一粒沙怎么能包容整个世界？个人是在集体的事业中才显露光辉的。

——吴运铎《人生絮语》

一个人生活在社会上不仅是单独的个人，他是属于一个整体的。我们得时时顾及这个整体的利益，我们根本不可能离开它而独立存在。

——［德］冯塔纳《艾菲·布里斯特》

我们在行动

以下画面反映的是学校里经常出现的"无人管"的现象。想一想，这是谁的事情，该谁做？假如你遇到这些事情，你会怎么做？

桌椅摆放不整齐

教室地面不整洁

水龙头没人关

这些事情是集体的事情，而我们都是集体中的一员，所以这些也是我们自己的事情。如果每个人都能自觉做好自己的事情，那么大家的力量汇聚起来，可以解决很多问题！

同学们，社会生活中也存在一些"无人管"的事情，现在你知道该谁做了吧！

雪这么大，也没人扫。

灯坏了，也没人报修。

井盖没了，也没人管。

路是大家的路，桥是大家的桥，楼梯是大家的楼梯，这"大家"中有你，有我，有他，每个人都应该为大家的事情出一份力。

知识链接

志愿者是指志愿贡献个人的时间及精力，在不为任何物质报酬的情况下，为社会服务的人。志愿工作具有志愿性、无偿性、公益性、组织性四大特征。参与志愿工作既是"助人"，也是"自助"；既是"乐人"，也是"乐己"。

青年志愿者宣誓词：

我愿意成为一名光荣的志愿者。我承诺：尽己所能，不计报酬，帮助他人，服务社会，践行志愿精神，传播先进文化，为建设团结互助、平等友爱的美好社会贡献力量。

志愿服务标语：

1.志愿服务是一种生活方式。

2.奉献他人，提升自己。

3.予人玫瑰，手有余香，做一名快乐的志愿者。

4.弘扬无私奉献精神，不计个人名利得失。

5.为社会尽一份责任，为他人送一片爱心。

6.急困难者之所急，帮困难者之所需。

7.通过志愿服务，提升自身素质。

8.青春是我们的名片，服务是我们的志愿。

9.用我的努力，换取您的微笑。

10.志愿者的微笑是城市最好的名片。

11.弘扬志愿精神，播撒爱心火种，共建和谐社会。

12.弘扬志愿精神，为社会上需要帮助的人贡献一份力量。

13.爱心献社会，真情暖人间。

14.树立科学发展观，构建和谐社会，推进志愿者行动。

15.参与志愿服务，塑造城市形象。

16.与文明同行，与绿色相伴，倡导公德，美化城市。

17.讲究文明，倡导新风，美化生活。

18.奉献友爱，互助进步。

我的收获

今天我为大家
做事了吗？

在家里，我＿＿＿＿＿＿＿＿＿＿＿＿

在学校，我＿＿＿＿＿＿＿＿＿＿＿＿

在＿＿＿＿，我＿＿＿＿＿＿＿＿＿＿＿

个人评价：一般 ★　良好 ★★　优秀 ★★★

家长评价：一般 ★　良好 ★★　优秀 ★★★

7. 一花一草皆生命

同学们，当我们迎着初升的太阳来到学校，看到郁郁葱葱的草木和满目的繁花，我们的心会快乐地飞翔起来。它们是大自然送给人类最美好的礼物，我们应该加倍珍惜和爱护。

故事在线

花草的心声

一天晚上，静悄悄的校园里突然有声音传来。"你们在干什么？"原来是小草在和身边的植物伙伴说话。"我们在数星星。"小伙伴们一起回答。

小草说："你们还有心情数星星，我伤心还来不及呢！"小伙伴们关心地问："你伤心什么？"小草回答："白天一下课，就有人拿我们的生命做游戏，他们比赛谁拔得多，我的兄弟姐妹有许多就是这样丧失生命的！"听了小草的悲惨遭遇，小伙伴们也纷纷说出了自己的悲伤。大树说："我的身上被人类刻了许多字。"小花说："有人把我的兄弟姐妹摘走了，插在自己的头上。"

还有树叶、灌木丛……许多植物都说了自己的悲伤。这时，大树说：

"也有一些同学很爱护我们，给我们浇水。园丁和老师也很爱护我们，给我们修枝剪叶。真希望所有人都和他们一样。"植物们说："到那时校园一定会变得更加美丽！"

> 同学们，你们平时是怎么对待花草树木的呢？

"我们该怎么办？"

一天，乌云密布，狂风呼啸，大树的枝叶随风摇摆，发出一阵阵"呼啦，呼啦"的声音。这时，草丛中传来了说话声，原来是花、草、树木在对话。

"大树伯伯、花儿姐姐，马上就要下雨了，我们可以把身上的尘土洗得干干净净了！"小草高兴地说。花儿说："是啊，平时人类把我们弄得面目全非，现在终于可以痛痛快快地洗个澡了。"

"唉！你们不懂。"有经验的大树说，"这乌云与平常的不同，一定是要下酸雨了！"

"什么是酸雨啊？"小草和花儿不解地问。

"酸雨是大气污染后产生的，主要成分是硫酸和硝酸！"大树说。

"呜呜……"小草和花儿吓得哭了起来。

"人类为什么要这样？要知道我有许多姐妹是名贵的中草药。要是她们受到了污染，不但不能治病，而且会致病。"小草非常着急。

"我和我的兄弟姐妹也默默地为人类工作。我们吸收人类呼出的二氧化碳，给予人类最需要的氧气；当大雨来临时，我们不仅为人类遮风挡雨，还像一个小水库蓄藏水源；我们不但帮人类净化空气，还供给人类营养丰富的果实。"大树说。

"我们把自己贡献给人类，可人类回报我们的是污染，是破坏！"花儿非常生气地说。

"大树伯伯、花儿姐姐，不如我们远离人类，去大森林里吧。"小草说。

"现在森林也大面积遭受破坏！"大树说。

"那以后我们该怎么办啊？"花儿、小草异口同声地呼喊道。

> 原来花草树木对我们来说有这么大的作用啊！

> 可是它们太可怜了，我们得帮帮它们。

名言伴我行

草木荣华滋硕之时，则斧斤不入山林，不夭其生，不绝其长。

——《荀子·王制》

仁及草木，惠加昆虫。　　　——西晋·张华《大豫舞歌》

若夫至仁，则天地为一身，而天地之间，品物万形为四肢百体。

夫人岂有视四肢百体而不爱者哉？　　——北宋·程颢《二程遗书》

昆虫草木，犹不可伤。　　　　　　——《太上感应篇》

同学们，你们还知道哪些爱护花草树木的名言警句？写下来张贴在花坛旁边吧！

我们在行动

一花一草皆生命。如果你是下图中的花草，面对人类的这些行为，你会说什么？

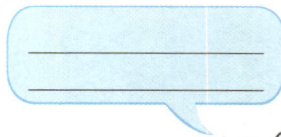

让我们行动起来，从身边的点点滴滴做起，爱护花草树木。

可是我们要怎么做呢？

面对漂亮的花儿，我们只欣赏，不摘它；我们也不能践踏草坪。

我们也可以通过黑板报这样的方式宣传保护花草树木。

你还知道哪些保护花草树木的方法呢？让我们写一份保护花草树木的倡议书吧！

知识链接

树的价值

国外有学者对树的生态价值进行过计算：一棵50年树龄的树，在产生氧气、吸收有毒气体、防治大气污染、增加土壤肥力、涵养水源、为动物提供繁衍场所、产生蛋白质等方面，累计可创值约196 000美元。

一棵树可以生产200千克纸浆，相当于750卷重100克的卫生纸。

一棵树一年可以贮存一辆汽车行驶16千米所排放的污染物。很多树木可以吸收有害气体，如一公顷柳杉林每天可以吸收60千克二氧化硫，银杏、梧桐等也都有吸收二氧化硫的功能。当城市绿化面积达到50%以上时，大气中的污染物可得到有效控制。

城市森林可增加空气湿度。一株成年树，一天可蒸发400千克的水，所以树林中的空气湿度明显上升。据计算，城市绿地面积每增加1%，当地夏季的气温可降低0.1℃。

城市林带、绿篱有降低噪音的作用。宽30米的林带可降低噪音6~8分贝。

有树木的城市街道比没有树木的城市街道大气中含病菌量少80%左右。

城市防护林具有减缓风速的作用，其有效范围在树高的40倍以内，其中在10~20倍范围内效果最好，可降低风速50%。

一公顷林地与裸地相比，至少可以多储水3 000立方米。

有专家预测，假如地球上失去了森林，约有450万个生物物种将不复存在，陆地上90%的淡水将白白流入大海，人类将面临严重水荒。森林的丧失还会使许多地区风速增加60%~80%，会有上亿人因风灾而丧生。

我的收获

今天我爱护花草
树木了吗？

对待花儿，我＿＿＿＿＿＿＿＿＿＿＿＿＿＿＿＿

对待小草，我＿＿＿＿＿＿＿＿＿＿＿＿＿＿＿＿

对待树木，我＿＿＿＿＿＿＿＿＿＿＿＿＿＿＿＿

个人评价：一般 ★ 良好 ★★ 优秀 ★★★

家长评价：一般 ★ 良好 ★★ 优秀 ★★★

8. 文明标志伴我行

同学们，文明标志是生活中对人们行动的一种指示，是简单形象的图画语言，能对我们进行提示、警告。认识它们，能保护我们不被伤害，还能保护我们应该爱护的事物！

故事在线

文明公交，驶向和谐

生活就像一个装满蜜的罐子，要想使罐子里的蜜更加甜美，我们就得时时刻刻讲文明。

今天，我和外婆乘公交车去超市买东西。好不容易才等到一辆车，大家排着长队上车。我看着车上所剩无几的座位，心里很焦急，恨不得拉着外婆的手跑进车中抢座位。但是我一抬头，看见车身上"排队乘车，文明礼让"的文明标语，心里想：今天的队虽然长，但没人往里挤；如果我往里挤，岂不是把一条文明整齐的队伍给打乱了？想到这儿，我决定与外婆按秩序排队上车。

到了车上，果然没有空位子了。这时，有一个大姐姐主动把座位让给了我们。我和外婆很不好意思，姐姐指了指车上"让一个座，暖一颗心"的文明标语。我们都会心地笑了，谢谢大姐姐。

突然，我发现有一位行动不方便的老奶奶拄着拐杖，慢慢地走了上来。排在她前面的人让她先行，她感激地说："谢谢，不用，不用，你走，你走。"上车后，车上的人纷纷给老奶奶让座。看着眼前的这一幕，我心里十分感动。

其实，生活中处处有文明，让我们从今天开始，从我做起，做一个讲文明、讲礼仪的人，让中华民族的传统美德代代相传！

同学们，你们遇到这种情况时，会怎么做呢？

播撒文明的种子

讲文明是小学生应该具备的基本素质。无论校内还是校外，小布丁都能做到讲文明。

在校内，他是一只"啄木鸟"，只要看见哪个角落有垃圾，就会毫不犹豫地伸出手来，把它扔进垃圾桶。

在校外，他依然能做到讲文明。有一次，他到广场玩，吃完棒冰后还剩下一根棒，但是周围平坦的场地上一时找不到垃圾桶。他就拿出纸巾，把棒包在里面，装进口袋。他不会像有些人那样随手把垃圾丢在花坛里、地面上或石椅上，直到找到垃圾桶，他才把垃圾从口袋里取出来，扔了进去。

文明就要从身边的点点滴滴做起。作为新时代的少年，小布丁很愿意变成一朵文明的蒲公英，把文明的种子撒播到我们生活的每个角落！

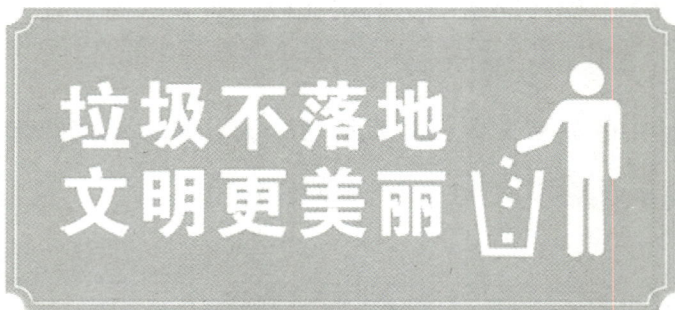

垃圾不落地
文明更美丽

小布丁身上有哪些值得我们学习的地方？

名言伴我行

美德完全是文明生活的精华，是人的意识的一个创造。

——［英］雪莱《道德沉思录》

亲善产生幸福，文明带来和谐。——［法］雨果《莎士比亚论》

文明就是要造就有修养的人。——［英］罗斯金《野橄榄花冠》

真正的文明是所有人种植幸福的结果。

——［日］幸田露伴《努力论》

同学们，你们还知道哪些关于文明的名言？写下来作为座右铭吧。

我们在行动

说一说两幅图中哪个小朋友做得对？

下面的文明标志你都认识吗？

请勿吸烟　请勿拍照　18岁以下未成年禁止入内　禁止喧哗

禁止吸烟 Smoking is forbidden　文明用语 Civilized words

节约用水 Saving water　爱护公共卫生设施 Caring for public health facilities

节约用电 Save electricity　排队进餐 Queuing meals

注意安全　禁止通行　禁止停车　禁止鸣笛

禁止行人通行　注意行人　步行　人行天桥　人行地下通道

文明标志伴我们成长！

知识链接

安全文明标志知多少

国家规定的安全色有红、蓝、黄、绿四种颜色，其中红色表示禁止、停止（也表示防火），蓝色表示指令或必须遵守的规定，黄色表示警告、注意，绿色表示提示、安全状态、通行。

禁止标志是禁止人们不安全行为的图形标志。其基本形式为带斜杠的图形框，颜色为白底、红圈、红杠、黑色图案。

　　指令标志是强制人们必须做出某种动作或采用防范措施的图形标志，其基本形式是圆形边框，颜色为蓝底、白色图案。

　　警告标志是提醒人们注意周围环境，以避免发生危险的图形标志。其基本形式是正三角形边框，颜色为黄底、黑边、黑色图案。

　　提示标志是向人们提供某种信息的图形符号。其基本形式是正方形边框，颜色为绿底、白色图案。

禁止标志

指令标志

警告标志

提示标志

我的收获

今天我讲文明了吗？

在家里，我＿＿＿＿＿＿＿＿＿＿＿＿＿＿＿＿＿

在学校里，我＿＿＿＿＿＿＿＿＿＿＿＿＿＿＿

在＿＿＿＿＿，我＿＿＿＿＿＿＿＿＿＿＿＿＿

个人评价：一般 ★　良好 ★★　优秀 ★★★

家长评价：一般 ★　良好 ★★　优秀 ★★★